Bibliografische Information der Deutschen Nationalbibliothek:

Die Deutsche Bibliothek verzeichnet diese Publikation in der Deutschen National-
bibliografie; detaillierte bibliografische Daten sind im Internet über http://dnb.d-
nb.de/ abrufbar.

Impressum:

Copyright © 2019 GRIN Verlag
Druck und Bindung: Books on Demand GmbH, Norderstedt Germany
ISBN: 9783346113535

Simon Dreesch-Rosendahl

Herrschaftsausübung der fränkischen Hausmeier

Beziehung zum Königtum am Beispiel von Ebroin und Pippin dem Jüngeren

GRIN Verlag

Carl von Ossietzky Universität Oldenburg

Herrschaftsausübung der fränkischen Hausmeier
mit Blick auf die Beziehung zum Königtum
am Beispiel von Ebroin und Pippin dem Jüngeren

Simon Dreesch-Rosendahl

Inhalt

I. Einleitung

„Bischof Burkhard von Würzburg und der Kaplan Folrad wurden zu Papst Zacharias gesandt, um wegen der Könige in Francien zu fragen, die damals keine Macht als Könige hatten, ob das gut sei oder nicht. Und Papst Zacharias gab Pippin den Bescheid, es sei besser, den als König zu bezeichnen, der die Macht habe, statt den, der ohne königliche Macht blieb. Um die Ordnung nicht zu stören, ließ er kraft seiner apostolischen Autorität den Pippin zum König machen."[1]

So wird in den Reichsannalen, der offiziösen Hofgeschichtsschreibung unbekannter Autoren aus dem Umfeld Karls des Großen, der Staatsstreich von dessen Vater Pippin dem Jüngeren 751 gerechtfertigt. Entstanden ist die Passage wahrscheinlich in den 780ern, um die Legitimation der karolingischen Dynastie gegenüber der Um- und Nachwelt propagandistisch zu stärken.[2]

Pippin (714-768) war bis zu seiner Inthronisierung Hausmeier gewesen. Das Amt des Hausmeiers (Maiordomat) beschäftigte sich ursprünglich lediglich mit der Verwaltung des Hofgesindes, doch entwickelte sich im Laufe der Zeit zum mächtigsten Amt des fränkischen Reichs; letzten Endes wurden die Hausmeier mächtiger als die merowingischen Könige.[3] Neben Pippin, dem letzten Hausmeier (die Karolinger schafften das Amt ab), war ein weiterer bedeutsamer Amtsinhaber Ebroin (†680/681), der das Maiordomat in der zweiten Hälfte des siebten Jahrhunderts in bis dahin nicht dagewesener Machtfülle ausübte und damit die Merowinger „endgültig in ihr Schattendasein verurteilte"[4], was die letzten hundert Jahre der Merowingerdynastie entscheidend prägte.

Die Quellenlage zu politischem Alltag, Geschehnissen und Institutionen ist dünn, stammt größtenteils aus königlichem Umfeld und ist damit stark pro-karolingisch. Schneider spricht von einer „bis dahin fast unbekannten Intensität und Geschicklichkeit [mit der sich die Karolinger] um rechtfertigende Geschichtskonstruktion bemühten."[5] Dadurch sind die Schilderungen einiger Ereignisse mit Vorsicht zu betrachten, doch das

---

[1] Die Reichsannalen mit Zusätzen aus den sog. Einhardsannalen (749), in: Buchner, Rudolf (Hg.): Quellen zur karolingischen Reichsgeschichte (Ausgewählte Quellen zur deutschen Geschichte des Mittelalters 5/1), Tübingen 1955, S.15.
[2] Nonn, Ulrich: Reichsannalen, in: Angermann, Norbert u.a. (Hg.): Lexikon des Mittelalters 7, München 2003, Sp. 616f.
[3] Fleckenstein, Josef: Hausmeier, in: Bautier, Robert-Henri u.a. (Hg.): Lexikon des Mittelalters 4, München 2003, Sp. 1974f.
[4] Schulze, Hans K.: Vom Reich der Franken zum Land der Deutschen. Merowinger und Karolinger (Das Reich und die Deutschen 2), Berlin 1987, S. 84.
[5] Schneider, Reinhard: Das Frankenreich (Oldenbourg Grundriß der Geschichte 5), München 2001, S. 23.

Erkenntnispotential bezüglich legitimatorischer Aspekte steigt meines Erachtens nach.

Ebroin wird hingegen zumeist, gerade in der Hagiographie, fast schon als archetypischer Bösewicht dargestellt, weshalb seine Darstellung ebenfalls hinterfragt werden sollte.[6] Allerdings wird über ihn mehr berichtet als über jeden anderen nicht-königlichen und nicht-klerikalen Akteur des siebten Jahrhunderts.[7]

Relevanz erfährt das Thema unter anderem dadurch, dass der Machtzuwachs der Hausmeier eine Voraussetzung für die spätere Herrschaft Karls des Großen darstellt, der das europäische Frühmittelalter entscheidend prägte. Pippins Krönung findet in der Forschung viel Beachtung und wird unter einigen Gesichtspunkten kontrovers diskutiert.[8] Ebroin scheint mir im Gegensatz dazu, dafür dass er die Machtverhältnisse im Frankenreich so folgenschwer beeinflusst hat, relativ wenig beachtet zu sein. Auch sind mir keine direkten Gegenüberstellungen der beiden bekannt. Diese halte ich allerdings für sinnvoll, da diese beiden politischen Schlüsselfiguren ihrer Zeit das gleiche Amt nutzten, um ihre Macht zu stärken, wie dieses Amt es eigentlich nicht vorgesehen hatte.

Für diese Arbeit möchte ich also die beiden unter legitimatorischen Gesichtspunkten näher betrachten und hermeneutisch vergleichen. Wie unterschied sich ihre Herrschaftsausübung und warum wurde Pippin zum König, Ebroin aber nicht, wenn doch beide im Maiordomat die meiste Macht im Reich ausgeübt haben?

II.   Die Hausmeier und der Versuch der Alleinherrschaft

II.1. Kurzbiographie des Hausmeiers Ebroin

Nach dem Tod von Chlodwig II. und von dessen Hausmeier Erchinoald 657 wurde Ebroin von Königinmutter Balthild und den Großen des Reiches zum neustrischen Hausmeier

---

[6] Nelson, Janet L.: Politics and Ritual in Early Medieval Europe, London/Ronceverte, 1986, S. 30. - Das Hinrichten des heiliggesprochenen Bischofs Leodegar von Autun ist dafür wahrscheinlich ein wichtiger Faktor. Vgl. Graus, František: Volk, Herrscher und Heiliger im Reich der Merowinger. Studien zur Hagiographie der Merowingerzeit, Prag 1965, S. 373ff.

[7] Fouracre, Paul J.: Merovingians, Mayors of the Palace and the Notion of a ‚Low-Born' Ebroin, in: Historical Research 57/135, 1984, S. 1-14, hier S. 1.

[8] U.a. zur Rolle des Bonifatius siehe Jarnut, Jörg: Wer hat Pippin 751 zum König gesalbt?, in: Frühmittelalterliche Studien 16, 1982, S. 45-57. – Zur Gewichtung alttestamentarischer Legitimierung siehe Enright, Michael J.: Iona, Tara and Soissons. The Origin of the Royal Anointing Ritual (Arbeiten zur Frühmittelalterforschung 17), Berlin/New York 1985, S. 107ff.

des jungen König Chlothar III. gewählt.[9] Zunächst regierten Balthild und Ebroin gemeinsam bis sich Balthild, vermutlich wegen Streitigkeiten mit den Großen, ins Kloster und damit aus der Politik zurückzog. Nach Balthilds politischem Ende, an dem Ebroin eventuell beteiligt war, wuchs dessen Macht, doch auch die Opposition unter den Großen um Bischof Leodegar von Autun. Nach dem Tod Chlothars 673 wurde dessen Bruder Theuderich III. der neue neustrische König. Bei der Krönung ließ Ebroin Gewohnheitsrecht brechend die Großen nicht teilnehmen und verweigerte diesen den Zugang zum König, womit er seine außerordentliche Machtstellung auf politisch unüberlegte Weise unterstrich.[10]

„Deshalb begannen sie umso mehr zu fürchten, dass er dadurch, dass er den König, den er zum Ruhm des Reichs hätte erheben sollen, während er ihn danach nur um des (Königs)namens willen bei sich behalte, jenem, dem er Böses gewünscht hatte, es nun auch dreist zufügen könne."[11]

Als Reaktion wandten sich die Großen an den austrasischen König Childerich II., Theuderichs Bruder, und dessen Hausmeier Wulfoald, um Ebroin und Theuderich zu stürzen und zu tonsurieren; Ebroin landete im politischen Exil im Kloster Luxeil und Childerich herrschte über das geeinte Reich.[12]

Allerdings hielt Childerich Zugeständnisse, die er den Großen gemacht hatte, nicht ein und wurde ermordet; Ebroin war nach Gerberding eventuell an der Verschwörung beteiligt. Theuderich wurde unter dem Einfluss Leodegars wieder zum König. Auch Ebroin blieb nicht im Kloster, sondern baute mit Großen aus Austrasien und Burgund ein Heer auf, setzte 675 einen angeblichen Sohn Chlothars, den er Chlodwig nannte, ein und verbreitete das Gerücht Theuderich sei tot, um seinen Feldzug zu rechtfertigen. Nachdem er Theuderich und den Königsschatz in seine Gewalt bringen konnte, ließ er den falschen König allerdings schnell wieder fallen und wurde wieder zum Hausmeier. Leodegar und

---

[9] Zu den Großen und zur „Wahl" vgl. Ohnacker, Elke: Herrscherabsetzung, Herrschaftskonsolidierung und legitime Herrschaft im frühen Mittelalter. Childerich III, Pippin III und Karl der Große, in: Akude, John u.a. (Hg.): Politische Herrschaft jenseits des Staates. Zur Transformation von Legitimität in Geschichte und Gegenwart, Wiesbaden 2011, S. 183-207, hier S. 185.

[10] Gerberding, Richard A.: The Rise of the Carolingians and the Liber Historiae Francorum, Oxford 1987, S. 67-69; Scholz, Sebastian: Die Merowinger, Stuttgart 2015, S. 243-245 und Nelson 1986, S. 21f. & 286.
[11] Passio Leudegarii episcopi Augustodunensis I 5, in: Scholz 2015, S. 244.
[12] Scholz 2015, S. 245.

weitere politische Gegner wurden hingerichtet und tonsuriert. Ansonsten verhängte Ebroin eine allgemeine Amnestie für die Geschehnisse der Nachfolgekrise.[13]

Wahrscheinlich durch den Versuch die neustrische Macht zu stärken kam es anschließend zum Konflikt mit Austrasien (zunächst gegen Wulfoald und den neuen König Dagobert II., dann gegen die Arnulfinger um Pippin den Mittleren). Zu der Zeit erreichte seine Machtfülle den Zenit. „Er nahm eine königgleiche Stellung, ohne jedoch den Thron für sich zu beanspruchen."[14] Schließlich wurde Ebroin (wahrscheinlich 680) vom Franken Ermenfred ermordet, was in der *Liber Historiae Francorum* mit seiner Unterdrückung der Großen in Zusammenhang gestellt wird.[15]

II.2. Ebroins Herrschaftsausübung

Was bei einer Betrachtung von Ebroins Leben auffällt ist die Schlüsselrolle der Großen.[16] Auch bei außergewöhnlich großer Machtanhäufung bildeten diese eine *pressure group*, die man nicht umgehen konnte. Die Höhepunkte seiner Macht unter Umgehung der Interessen der Großen, wie 673 sein alleiniger Zugang zu Theuderich und seine die Großen zurückdrängende Herrschaft Ende der 670er[17], führten zweimal zu seiner Entmachtung. Diese Dynamik zeigt sich hier auch bei seinen Zeitgenossen Balthild und Childerich.

Im Beispiel Childerichs zeigt sich das Konzept vom *consilium* der Großen. Aus Sicht des Autors der *Liber Historiae Francorum*, zeichnet sich guter Herrscher offenbar dadurch aus, dem *consilium* der Großen Gehör zu schenken,[18] also ihre Interessen miteinzubeziehen. „*Consilium* was the mechanism which bound *rex* and *Franci* into one political order; neither could exist without it."[19] Auch wenn sich Gerberding hier speziell

---

[13] Gerberding 1987, S. 70-72; Scholz 2015, S. 248-250 und Ewig, Eugen: Ebroin, 1. E., in: Bautier, Robert-Henri u.a. (Hg.): Lexikon des Mittelalters 3, München 2003, Sp. 1531-1533, hier Sp. 1532.

[14] Bleiber, Waltraut: Das Frankenreich der Merowinger, Wien/Köln/Graz 1988, S.164.

[15] Gerberding 1987, S. 72-74; Scholz 2015, S. 254 und Liber Historiae Francorum 47, in: Gerberding 1987, S. 177.

[16] Dabei sind „die Großen" natürlich keine homogene Gruppe, sondern verschiedene Fraktionen unter den königshofnahen Eliten. Zur Schwierigkeit der Fraktionszuordnung siehe Gerberding 1987, S. 77f.

[17] Vgl. Bleiber 1988, 163f.

[18] Gerberding 1987, S, 75.

[19] Ebd., S. 76.

auf die Beziehung zwischen den Großen und dem König bezieht, ist dies doch sicherlich auch übertragbar auf die Beziehung zum Hausmeier. Da der Hausmeier nicht die gentilcharismatische Legitimation des Königsgeschlechts[20] besaß, war dieser Mechanismus hier wahrscheinlich noch gewichtiger.[21]

Man sollte also vorsichtig sein mit der Verwendung des Begriffs Alleinherrschaft. Wenn auch Ebroin selbstverständlich Verbündete unter den Großen hatte[22], schien er doch versucht zu haben seine Herrschaft möglichst zu monopolisieren. Dafür ist besonders die Inthronisierung Theuderichs unter Ausschluss der Großen ein gutes Beispiel.[23] Das Aussetzen der traditionellen Königswahl war eine deutliche Machtdemonstration und ein starker Affront, der die rechtlich-legitimatorische Stellung Theuderichs deutlich schwächte.[24]

Wenn also die Machtkumulation als Hausmeier schon derart viel Opposition mit sich brachte, wäre eine Krönung Ebroins zum König wahrscheinlich nicht umsetzbar gewesen. Der austrasische Hausmeier Grimoald, ein Zeitgenosse Ebroins, hatte 657 seinen Sohn (Childebertus adoptivus) zum König machen lassen. Dies erzeugte eine starke Gegenreaktion der Großen und führte zu seinem Tod, sowie eventuell zu einem vorübergehenden Bedeutungsverlust seiner Familie.[25] Dieses Ereignis wird Ebroin sicherlich nicht vergessen haben. Es zeigt die Konsequenz, die ein Griff nach dem Königtum mit sich hätte bringen können.

Doch zeigt Ebroins Stellung auch, dass eine Königserhebung seinerseits für Herrschaftsausübung gar nicht nötig war. Die Merowingerkönige treten in den Überlieferungen dieser Zeit nur wenig als aktive Akteure und vielmehr als Spielball der verschiedenen Fraktionen auf. Dementsprechend ist zu hinterfragen ob der Königstitel tatsächlich einen machtpolitischen Mehrwert mit sich gebracht hätte. Auf der anderen Seite war es offenbar dennoch unentbehrlich einen König zu haben, in dessen Namen man handelt. Sehr gut zeigt dies die Einsetzung des falschen Chlodwigs. Ohne das angebliche Handeln im Namen des Königs hätte Ebroin anscheinend Probleme gehabt seine Taten zu rechtfertigen. Das Gerücht Theuderich wäre bereits gestorben stärkte seine

---

[20] Vgl. Weber, Max: Die drei reinen Typen der legitimen Herrschaft. Eine soziologische Studie, in: Schriften 1894-1922, Stuttgart 2002, S. 717-733, hier S. 730f.
[21] Vgl. Gerberding 1987, S, 75.
[22] Vgl. Ewig 2003, Sp. 1531ff.
[23] Scholz, 2015, S. 244-245.
[24] Zur Bedeutung öffentlicher Zustimmungen bei Königserhebungen siehe Ohnacker 2011, S. 185f.
[25] Scholz 2015, S. 228f. und Bleiber 1988, S. 161-163.

Legitimation noch dadurch, dass Ebroin sich somit explizit nicht als Putschist inszenierte. Nach dem er den echten König wieder in seiner Gewalt hatte, konnte er sich wieder erlauben diese Charade zu unterlassen. Jedoch handelte er nach der Festnahme Theuderichs kurzzeitig noch im Namen Chlodwigs; vermutlich wegen der Ungewissheit der Lage.[26]

Diese Wichtigkeit einen Merowinger auf seiner Seite zu haben, verbunden damit, dass es nicht einmal unbedingt ein echter Merowinger sein musste, und die stärker werdende Opposition unter den Großen bei Machthäufung waren also wahrscheinlich Faktoren, die dazu führten, dass sich Ebroin mit seinem Maiordomat begnügte.

II.3. Kurzbiographie des Hausmeiers Pippin III.

Nach dem Tod Karl Martells 741, der jahrzehntelang das Frankenreich in Alleinherrschaft regiert hatte, zuletzt sogar ohne König, teilte der das Reich unter Zustimmung der Großen unter seinen Söhnen Karlmann, Pippin und Grifo auf, ähnlich wie es bei den Merowingern gängige Praxis gewesen war. Grifo wurde allerdings schnell von seinen Halbbrüdern vertrieben. Anders als zuletzt bei ihrem Vater, wurde mit Childerich III. wieder ein Merowinger als König eingesetzt, wobei Pippins Beteiligung an der Inthronisierung nicht eindeutig belegbar ist.[27] Karlmann zog sich 747 aus der Politik ins Kloster zurück. Pippin wurde der mächtigste Mann im Reich. Sein Neffe Drogo, Karlmanns Sohn, sowie der wieder aktiv gewordene Grifo, beides potentielle Prätendenten, fanden sich bald schon im politischen Aus.[28]

Schließlich sandte Pippin, wie in der eingangs zitierten Quelle dargestellt, mit dem Einverständnis der Großen eine Gesandtschaft nach Rom zu Papst Zacharias, um mit einer Rechtsauskunft seinen anstehenden Staatsstreich[29] 751 zu legitimieren. Der Papst

---

[26] Scholz 2015, S. 249f.
[27] Schieffer, Rudolf: Die Karolinger, Stuttgart 2014, S. 50-52 und Becher, Matthias: Drogo und die Königserhebung Pippins, in: Frühmittelalterliche Studien 23, 1989, S. 131-153, hier S. 138 und Schulze 1987, S. 94.
[28] Schieffer 2014, S. 56-58.
[29] Man beachte, dass der Begriff „Staatsstreich" zu problematisieren ist, da der Dynastiewechsel, wie im Text dargelegt, durchaus eine traditionelle legistische Komponente hatte. Da so ein Wechsel als solcher bis dahin im fränkischen Reich aber nicht vorgekommen ist und wohl nicht vorgesehen war, halte ich den Begriff aufgrund dieses starken Bruchs des etablierten Herrscherwechsels dennoch für angemessen.

war wegen einer aggressiven Territorialpolitik der Langobarden in Mittelitalien an guten Beziehungen zu den Franken interessiert und antwortete bekräftigend, dass der tatsächliche Machthaber König sein sollte.[30]

„Pippin wurde nach der Sitte der Franken zum König gewählt und gesalbt von der Hand des Erzbischofs Bonifatius heiligen Andenkens und von den Franken in Soissons zum König erhoben. Hilderich aber, der Scheinkönig, wurde geschoren und ins Kloster geschickt."[31]

Damit begann die Dynastie der Karolinger und Pippin regierte von nun an als König. 754 ließ er sich und seine Söhne von Papst Stephan II. noch ein weiteres Mal salben, womit der Papst das alleinige Erbrecht von Pippins Linie bekräftigte.[32] Auf die weitere Königsherrschaft Pippins werde ich hier nicht eingehen, da sie für meinen Untersuchungsraum nicht von Relevanz ist.

II.4. Pippins Herrschaftsausübung

Dass Karlmann und Pippin 743 zunächst wieder einen König einsetzen mussten, obwohl ihr Vater dies seine letzten Jahre unterlassen hatte, zeigt, dass ein Merowinger in der Hinterhand noch immer unentbehrlich war, um die eigene Herrschaft zu stützen. Das Geschlecht der Merowinger war gedanklich unmittelbar verbunden mit dem Bestehen des Reichs. Trotz Machtlosigkeit war die legitimierende Wirkung des Erbcharismas noch groß. Seine Einsetzung war eine direkte Reaktion auf den Widerstand der Großen.[33] Durch die faktische Erblichkeit hatte Pippins Geschlecht, vor allem durch militärischen Erfolg,[34] zwar auch erhebliches Charisma erlangt, doch war dieses nicht gleichstellbar mit dem der Könige. Doch anscheinend hat Pippin großen Wert auf die Betonung seiner Vorfahren und seine eigenen Leistungen gelegt, um diese Diskrepanz zu überwinden.[35]

---

[30] Ebd., S. 59.
[31] Reichsannalen mit Zusätzen aus den sog. Einhardsannalen (750), in: Buchner 1955, S. 15.
[32] Schieffer, S.62.
[33] Enright 1985, S. 109-112 und Schneider 2001, S. 22.
[34] Zur charismatischen Herrschaft des Kriegsfürsten siehe Weber 2002, S. 725f.
[35] Schulze 1987, S. 94f.

Die konsequent betriebene Rechtfertigungsliteratur der Karolinger zeigt, wie bedeutsam die eigene Aufwertung und die Abwertung der letzten Merowingerkönige für die Rechtfertigung des Staatsstreichs war,[36] weshalb einige Schilderungen über den Einfluss der sogenannten „Schattenkönige" kritisch zu betrachten sind.

Die Quellenlage impliziert, dass Pippin mehr auf das *consilium* der Großen eingegangen ist, als Ebroin dies getan hatte. Zumindest betont die Fredegar-Fortsetzung, dass die Gesandtschaft an den Papst *una cum consilio et consensu omnium Francorum* erfolgt ist.[37] Auch bei der Krönung wurde Pippin „nach der Sitte der Franken gewählt"[38], also von den Großen öffentlich bestätigt.[39] Haselbach begründet Pippins „faktisch königsgleiche Stellung [...] in erster Linie [durch den] gefolgschaftsähnlichen Anhang großer Teile des fränkischen Adels".[40]

Doch hatte Pippin durch seine Machtfülle ähnlich wie Ebroin selbstverständlich auch Feinde unter den Großen. Mit seinem Neffen Drogo und seinem Halbbruder Grifo fanden sich zwei Akteure, um die sich die oppositionellen Großen sammelten. Deren Anspruch auf das arnulfingische Erbe, kombiniert mit der Bedrohung der von Ebroin etablierten Praxis einen alternativen Marionettenmerowinger aufzustellen, bildete eine Gefahr für Pippin und seine Nachkommen. Daher kann man davon ausgehen, dass der familiäre Machtkampf wahrscheinlich das wichtigste Motiv für den Griff nach der Krone bildete. Dies wird auch noch die erneute Salbung durch Papst Stephan II., dessen Bestätigung von Pippins Linie und die Tonsurierung der Söhne Karlmanns *nach* Pippins Krönung bekräftigt.[41]

Bedeutend für das Funktionieren des Staatsstreichs war die innovative Nutzung päpstlicher Bestätigung als neue Legitimationsquelle in Kombination mit Verwendung traditioneller Elemente. Die Autorität des Papstes und die Berufung auf das Christentum bildete eine wichtige legitimatorische Stütze und schuf eine „neue Form des

---

[36] Enright 1985, S, 116 und Ohnacker 2011, S. 183f.
[37] Enright 1985, S. 124.
[38] Reichsannalen mit Zusätzen aus den sog. Einhardsannalen (750), in: Buchner 1955, S. 15.
[39] Schieffer 2014, S. 59 und Ohnacker 2011, S. 185f.
[40] Haselbach, Irene: Aufstieg und Herrschaft der Karlinger in der Darstellung der sogenannten Annales Mettenses priores. Ein Beitrag zur Geschichte der politischen Ideen im Reiche Karls des Großen, Lübeck/Hamburg 1970, S. 111.
[41] Becher 1989, S. 139-152 und Haselbach 1970, S. 112.

mittelalterlichen Königtums"[42] ohne allerdings die traditionelle Legitimation durch die Bestätigung der Großen in den Hintergrund zu drängen.[43]

III. Schluss

Ich komme zu dem Schluss, dass die Wichtigkeit der Rolle der Großen im fränkischen Reich sowohl dafür entscheidend war, dass Ebroin nicht die Königswürde anstrebte, als auch dafür, dass Pippin dies tat.

Da die Opposition gegenüber Ebroin offenbar stärker war als gegenüber Pippin, der das *consilium* der Großen, welches einen bedeutsamen politischen Mechanismus darstellte, mehr zu berücksichtigen schien, wäre ein Griff nach der Krone von ersterem wahrscheinlich von geringerer Erfolgswahrscheinlichkeit gewesen.

Für Pippin, der offenbar mehr Rückhalt besaß, war die Inthronisierung angesichts der Gefährdung seiner Stellung durch den Erbanspruch seiner Verwandten, die einen wichtigen Anlaufpunkt für die Opposition unter den Großen darstellten, ein effektiver Schritt seine Herrschaftsposition und die seiner Nachfahren unter annehmbaren Risiko zu sichern. Die innovative Nutzung der Kirche als Legitimationsquelle und die propagandistische Abwertung der Merowingerkönige, die zuvor zur legitimen Herrschaftsausübung unentbehrlich gewesen waren, halfen der Rechtfertigung des Dynastiewechsels.

Auch scheint die Wahrung zeremonieller Traditionen, die Ebroin missachtete und Pippin integrierte, eine Rolle gespielt haben. Ob sie in diesen Fällen lediglich eine Veräußerung des allgemeinen politischen Umgangs der Hausmeier mit den Großen darstellen oder ob der zeremonielle Akt als solcher von derart entscheidender Bedeutung war, wäre eine weitere Untersuchung wert.

Auch wäre es interessant die Rolle der Großen als *pressure group* bei den älteren, vermeintlich mächtigeren Merowingerkönigen zu untersuchen, wenn die Quellenlage dies zulässt.

---

[42] Schulze 1987, S. 96.
[43] Schieffer 2014, S. 54; Nelson 1986, S. 291 und Ohnacker 2011, S. 193f.

IV. Quellen und Literatur

Quellenverzeichnis

Liber Historiae Francorum (45-47), in: Gerberding, Richard A.: The Rise of the Carolingians and the Liber Historiae Francorum, Oxford 1987, S. 175-178.

Passio Leudegarii episcopi Augustodunensis I 5, in: Scholz: Merowinger, S. 244/ed. Bruno Krusch, MGH SS rer. Merov. 5, Hannover/Leipzig 1910, S. 282-322, hier S. 288.

Die Reichsannalen mit Zusätzen aus den sog. Einhardsannalen (749/750), in: Buchner, Rudolf (Hg.): Quellen zur karolingischen Reichsgeschichte (Ausgewählte Quellen zur deutschen Geschichte des Mittelalters 5/1), Tübingen 1955, S.15.

Literaturverzeichnis

Becher, Matthias: Drogo und die Königserhebung Pippins, in: Frühmittelalterliche Studien 23, 1989, S. 131-153.

Bleiber, Waltraut: Das Frankenreich der Merowinger, Wien/Köln/Graz 1988.

Enright, Michael J.: Iona, Tara and Soissons. The Origin of the Royal Anointing Ritual (Arbeiten zur Frühmittelalterforschung 17), Berlin/New York 1985.

Ewig, Eugen: Ebroin, 1. E., in: Bautier, Robert-Henri u.a. (Hg.): Lexikon des Mittelalters 3, München 2003, Sp. 1531-1533.

Fleckenstein, Josef: Hausmeier, in: Bautier, Robert-Henri u.a. (Hg.): Lexikon des Mittelalters 4, München 2003, Sp. 1974-1975.

Fouracre, Paul J.: Merovingians, Mayors of the Palace and the Notion of a ‚Low-Born' Ebroin, in: Historical Research 57/135, 1984, S. 1-14.

Gerberding, Richard A.: The Rise of the Carolingians and the Liber Historiae Francorum, Oxford 1987.

Graus, František: Volk, Herrscher und Heiliger im Reich der Merowinger. Studien zur Hagiographie der Merowingerzeit, Prag 1965.

Haselbach, Irene: Aufstieg und Herrschaft der Karlinger in der Darstellung der sogenannten Annales Mettenses priores. Ein Beitrag zur Geschichte der politischen Ideen im Reiche Karls des Großen, Lübeck/Hamburg 1970.

Jarnut, Jörg: Wer hat Pippin 751 zum König gesalbt?, in: Frühmittelalterliche Studien 16, 1982, S. 45-57.

Nelson, Janet L.: Politics and Ritual in Early Medieval Europe, London/Ronceverte, 1986.

Nonn, Ulrich: Reichsannalen, in: Angermann, Norbert u.a. (Hg.): Lexikon des Mittelalters 7, München 2003, Sp. 616-617.

Ohnacker, Elke: Herrscherabsetzung, Herrschaftskonsolidierung und legitime Herrschaft im frühen Mittelalter. Childerich III, Pippin III und Karl der Große, in: Akude, John u.a. (Hg.): Politische Herrschaft jenseits des Staates. Zur Transformation von Legitimität in Geschichte und Gegenwart, Wiesbaden 2011, S. 183-207.

Schieffer, Rudolf: Die Karolinger, Stuttgart 2014.

Schneider, Reinhard: Das Frankenreich (Oldenbourg Grundriß der Geschichte 5), München 2001.

Scholz, Sebastian: Die Merowinger, Stuttgart 2015.

Schulze, Hans K.: Vom Reich der Franken zum Land der Deutschen. Merowinger und Karolinger (Das Reich und die Deutschen 2), Berlin 1987.

Weber, Max: Die drei reinen Typen der legitimen Herrschaft. Eine soziologische Studie, in: Schriften 1894-1922, Stuttgart 2002, S. 717-7